Tadpole Books are published by Jump!, 5357 Penn Avenue South, Minneapolis, MN 55419, www.jumplibrary.com

Editor: Jenna Gleisner **Designer:** Michelle Sonnek **Translator:** Annette Granat

Photo Credits: arka38/Shutterstock, cover, 2br, 12–13; texcroc/iStock, 1; San Hoyano/Shutterstock, 2tl, 3; GybasDigiPhoto/Shutterstock, 2bl, 4–5; INTERTOURIST/Shutterstock, 2ml, 6–7; Eric Isselee/Shutterstock, 2tr, 8–9; Chantelle Bosch/Shutterstock, 10–11; Ovidiu Hrubaru/Shutterstock, 2mr, 14–15; Kokhanchikov/Shutterstock, 16.

Library of Congress Cataloging-in-Publication Data
Names: Nilsen, Genevieve, author.
Title: Patrones en el desierto / Genevieve Nilsen.
Other titles: Patterns in the desert. Spanish
Description: Minneapolis: Jump!, Inc., 2021. | Series: Patrones en la naturaleza
Includes index. Audience: Ages 3–6
Identifiers: LCCN 2020036300 (print) | LCCN 2020036301 (ebook) | ISBN 9781645278979 (ebook)
ISBN 9781645278955 (hardcover) | ISBN 9781645278962 (paperback)
Subjects: LCSH: Deserts—Juvenile literature. | Pattern perception—Juvenile literature.
Pattern formation (Physical science)—Juvenile literature.
Classification: LCC QH88 (ebook) | LCC QH88 .N5518 2021 (print) | DDC 577.54—dc23

PATRONES EN LA NATURALEZA

PATRONES EN EL DESIERTO

por Genevieve Nilsen

TABLA DE CONTENIDO

tadpole en español

PALABRAS A SABER

arena

diamantes

huellas

líneas

ondas

puntos

EN EL DESIERTO

Veo arena.

onda

Veo ondas.

huella de camello

Veo huellas.

diamante

Veo diamantes.

huella

Veo más huellas.

punto

Veo puntos.

línea
cactus

Veo líneas.

¡REPASEMOS!

Un patrón es un diseño que se repite. ¿Qué patrón ves aquí?

ÍNDICE